AF509727

22 Juin 1912   P.

VENTE
du Samedi 22 Juin 1912
HOTEL DROUOT - SALLE N° 7
A DEUX HEURES

EXPOSITION PUBLIQUE
Le Vendredi 21 Juin 1912
de 2 heures à 6 heures

COLLECTION DE M. X***

OBJETS D'ART

TABLEAUX ANCIENS

et Cadres sculptés

Mᵉ Hippolyte BONDU
COMMISSAIRE-PRISEUR
32, Rue Le Peletier, 32

M. Emile BERTIER
EXPERT
149, Avenue du Maine, 149

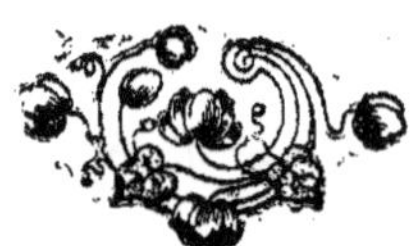

C. CHAUFFOUR, Impr.
6-8, rue Milton, Paris

CATALOGUE

DES

OBJETS D'ART ANCIENS

COMPRENANT

SCULPTURES GRECO-ROMAINES EN MARBRE

Bois Sculptés Gothiques et de la Renaissance

FRANÇAISE, FLAMANDE ET ESPAGNOLE

TABLEAUX ANCIENS

des Ecoles Française, Flamande, Hollandaise, Allemande
Espagnole et Italienne

CADRES EN BOIS SCULPTÉS

Appartenant à M. X...

DONT LA VENTE AUX ENCHÈRES PUBLIQUES AURA LIEU

HOTEL DROUOT – SALLE N° 7

Le Samedi 22 Juin 1912

A 2 HEURES

Mᵉ Hippolyte BONDU	**M. Emile BERTIER**
COMMISSAIRE-PRISEUR	EXPERT
32, Rue Le Peletier, 32	149, Avenue du Maine, 149

CHEZ LESQUELS SE TROUVE LE CATALOGUE

EXPOSITION PUBLIQUE

Le Vendredi 21 Juin 1912, de 2 à 6 heures

CONDITIONS DE LA VENTE

Elle sera faite au comptant.

Les acquéreurs payeront *dix pour cent* en sus des enchères.

L'exposition mettant le public à même de se rendre compte de l'état des objets, il ne sera admis aucune réclamation une fois l'adjudication prononcée.

DÉSIGNATION

SCULPTURES EN BOIS ET PIERRE

ET OBJETS VARIÉS

FRANCE XVe SIECLE

1 — Statue-applique en bois sculpté, peint et doré, représentant : La Vierge avec l'Enfant Jésus.

Haut. : 1m40.

ESPAGNE XVIe SIECLE

2 — Grand panneau bois sculpté en haut relief poly-chromé, représentant en grandeur nature : Saint-Ignace de Loyola, fondateur de l'ordre des Jésuites, couvrant de son manteau protecteur, dont deux chérubins relèvent les pans, ses disciples agenouillés.

Haut.: 2m26; Larg.: 2m15.

ALLEMAGNE XVIe SIECLE

3 — Statuette en bois sculpté, représentant une dame de qualité.

Haut. : 0m60.

FLANDRE XVIIe SIECLE

4 — Statuette en bois sculpté, représentant : Saint-Roch.

Haut. : 0m5o.

FLANDRE XVIIe SIECLE

5 — Quatre médaillons en chêne sculpté (têtes d'apôtres).
Forme ovale.

Haut. : 0m41 ; Larg. : 0m34.

EPOQUE GRECO-ROMAINE

6 — Torse drapé.

Marbre blanc.

Haut. : 0^m65.

EPOQUE GRECO-ROMAINE

7 — Partie inférieure de statue de femme drapée.

Marbre blanc.

Haut. : 0^m50.

FRANCE XVe SIECLE

8 — Ange soutenant une banderoile (bas relief en pierre blanche.

Haut. : 0^m25; Larg. : 0^m40.

ITALIE XVIe SIECLE

9 — Buste de jeune berger.

Marbre blanc. Socle rond.

Haut : 0^m60.

ITALIE XVIe SIECLE

10 — Lion accroupi en pierre dorée.

Haut. : 0^m80.

XVIIe SIECLE

11 — Buste d'un Empereur Romain.

Tête laurée tournée à droite.
Marbre blanc. Socle carré.

Haut. : 0^m90.

XVIIe SIECLE

12 — Buste d'un Empereur Romain.

Marbre blanc. Socle carré, tête laurée tournée à gauche.
Pendant du précédent,

Haut. : 0^m90.

FLANDRE XVIIe SIECLE

13 — Statuette : Amour.

Fragment.
Superbe petite sculpture attribuée à Duquesnoy.
Marbre blanc.

Haut. : 0^m40.

FLANDRE XVIIe SIECLE

14 — Statuette : Amour pleurant.

Fragment.
Marbre blanc.

Haut. : 0^m60

FRANCE XVIIe SIECLE

15 — Petit groupe : La Charité.

Femme allaitant un enfant et en tenant un autre sur son
genou.
Terre cuite.

Haut. : 0^m45.

16 — Deux plats gothiques en cuivre jaune, repoussé,
aux centres : Adam et Eve.

Personnages portant une grappe de raisins.

Diamètre : 0^m40.

17 — Deux plats gothiques en cuivre jaune repoussé aux
centres : Rosaces.

Diamètre : 0^m40.

18 — Deux plats gothiques en cuivre jaune repoussé,
aux centres : Vierge et Enfant Jésus.

Diamètre : 0^m25.

19 — Deux chandeliers en bronze du xvie siècle.

20 — Cinq objets gothiques en bronze :
Deux mortiers.
Une sonnette.
Un encensoir.
Une cassolette.
Et une gourde en étain.

21 — Six chandeliers gothiques.

22 — Une coupe gothique du xive siècle.
Bronze avec émaux.

TABLEAUX ANCIENS

PAR OU ATTRIBUÉS A

VAN SLINGELANDT (PIERRE)
(1640-1691)

23 — Intérieur avec figures.

Bois. Haut. : 0m22 ; Larg. : 0m17.

DE MOMPER (FRANÇOIS)
(1629-1661)

24 — Paysage avec chasseurs.

Toile. Haut. : 0m41 ; Larg. : 0m30.

DE MONPER (FRANÇOIS)
(1629-1661)

25 — Paysage avec chasseurs.

Toile. Haut. : 0m41 ; Larg. : 0m30.
Pendant du précédent.

DANDINI (PIERRE)
(1647-1712)

26 — David et Goliath.

Toile. Haut. : 0m15 ; Larg. : 0m20.

CLAESZ (PIERRE
(1590-1661)

27 — Nature morte.

Toile. Haut. : 0m49 ; Larg : 0m69.

BARTOLOZZI (FRANCESCO)
(1730-1813)

28 — Portrait de jeune homme.

Toile ovale. Haut. : 0m85 ; Larg. : 0m68.

GUISEPPE SALVI (Dit H. SASSOFERRATO
(1603-1685)

29 — Jeune femme en prière.

Toile. Haut. : 0m47 ; Larg. : 0m38.

ROBUSTI (Jacopo) (Dit le TINTORET)
(1512 1594)

30 — Portrait d'homme debout à mi-corps.

Dans le haut à gauche, ses armoiries.
Toile. Haut. : 1m03; Larg. : 0m80.

VAN LOO (J.-B.)
(1684-1745)

31 — Portrait d'homme.

Toile. Haut. : 0m76; Larg. 0m62.

ÉCOLE ESPAGNOLE XVIIe SIÈCLE

32 — Portrait de seigneur.

Toile. Haut. : 0m51; Larg. : 0m34.

ÉCOLE ITALIENNE XVIe SIÈCLE

33 — Tête de Christ nimbée.

Bois. Haut. : 0m61; Larg. : 0m44.

ÉCOLE ALLEMANDE XVIe SIÈCLE

34 — Scènes de la Passion.

Volet d'un triptyque. Peinture sur les deux faces.
Bois. Haut.: 0m80; Larg. : 0m35.

ÉCOLE ALLEMANDE XVIe SIÈCLE

35 — Scènes de la Passion.

Volet d'un triptyque. Peinture sur les deux faces.
Pendant du précédent.
Bois. Haut. : 0m80 ; Larg. : 0m35

ÉCOLE FLAMANDE XVe SIÈCLE

36 — L'Annonciation

Bois. Haut. : 0m86; Larg. : 0m76.

ÉCOLE PROVENCE XVe SIÈCLE

37 — Calvaire.

Ornements en reliefs bois sculpté et doré.
Bois. Haut. : 1m07 ; Larg. : 0m76.

ÉCOLE ALLEMANDE XVIe SIÈCLE

38 — Ecce Homo.

Bois. Haut. : 0m29; Larg. : 0m27.

ÉCOLE ITALIENNE XVIᵉ SIECLE

39 — Deux saints.

Bois. Haut. : 0ᵐ63 ; Larg. : 0ᵐ68.

LE TITIEN (Genre de)
ÉCOLE VÉNITIENNE XVIᵉ SIÈCLE

40 — Lucrèce se poignardant.

Toile. Haut.: 0ᵐ82 ; Larg.: 0ᵐ63.

MAES (Thomas)
(1660-1732)

41 — Réunion dans un parc.

Toile. Haut. : 0ᵐ66 ; Larg. : 0ᵐ78.

PALAMEDES (Antoine)
(1601-1673)

42 — La Partie de musique.

Bois. Haut. : 0ᵐ36 ; Larg. : 0ᵐ48.

SUTTERMANS (Juste)
(1597-1681)

43 — Portrait de seigneur à la collerette.

Toile ovale. Haut. : 0ᵐ72 ; Larg. : 0ᵐ58.

DE VOS (Corneille)
(1584-1651)

44 — Portrait d'un magistrat

Toile. Haut. : 1ᵐ50 ; Larg : 1ᵐ26.

RUBENS (P.-P.)
(1577-1640)

45 — Cérès et Pomone.

Allégorie de l'Abondance.
Les animaux et les fruits sont exécutés par Snyders.

Toile. Haut.: 1ᵐ51 ; Larg. : 1ᵐ14.

SCHUT LE VIEUX (Corneille)
(1597-1655)

46 — Saint évêque.

Esquisse. Grisaille.

Toile, Haut. : 0ᵐ44 ; Larg. : 0ᵐ30.

GUARDI (Francesco)
(1711-1793)

47 — Vue d'un port.

> Toile. Haut. : 0m59; Larg. : 0m76.

CUYP (Benjamin)
ÉCOLE HOLLANDAISE XVIIᵉ SIÈCLE

48 — Deux Amis.

> Bois. Haut. : 0m73; Larg. : 0m58.

VAN BEYEREN (Abraham)
(1620-1674)

49 — Etal de poissonnier.

> Toile. Haut. : 1m57 ; Larg. . 1m17.

GAEL (Bernard)
(1600-1663)

50 — Paysage avec figures et chevaux.

> Toile. Haut. : 0m64; Larg. : 0m51.

TENIERS (David)
(1610-1690)

51 — Fumeur et Buveur.

> Bois. Haut. : 0m20; Larg. : 0m16.

ÉCOLE ALLEMANDE XVᵉ SIECLE

52 — La Passion du Christ.

Triptyque.
Composition de nombreuses figures.

> Bois. Haut. : 1m99; Larg. déployé : 1m64.

ÉCOLE DE BOURGOGNE XVᵉ SIECLE

53 — Saint évêque.

Peint sur fond or et gaufré.

> Bois. Haut. : 0m86; Larg. : 0m35.

ÉCOLE DE BOURGOGNE XVᵉ SIECLE

54 — Saint évêque.

Peint sur fond or gaufré.
Pendant du précédent.

> Bois. Haut. : 0m86; Larg. : 0m35.

GRIMMER (JACQUES)
(1526-1590)

55 — La Conversion de saint Hubert.

> Toile. Haut.: 1m18 ; Larg. : 1m48.

MARCONI (ROCCO)
ÉCOLE ITALIENNE XVe SIÈCLE

56 — Portrait de jeune homme.

> Bois. Haut. : 0m23 ; Larg. : 0m17.

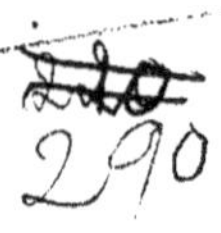

VANDER VIET (GUILLAUME)
(1584-1642)

57 — Portraits d'homme et de jeune garçon.

Debout, à mi-corps.

> Toile. Haut. : 1m07 ; Larg. : 0m75.

KLOMP (ALBERT)
(1618-1688)

58 — Vache au pâturage.

> Bois. Haut. : 0m22 ; Larg. : 0m32.

ÉCOLE ANGLAISE XVIIIe SIECLE

59 — Fillette endormie.

> Toile. Haut. : 0m7' ; Larg. : 0m63.

HONDEKOETER (MELCHIOR DE)
(1636-1695)

60 — Oies et canards.

> Toile. Haut : 1m31 ; Larg. : 1m64.

VAN UDEN (LUCAS)
(1595-1672)

61 — Paysage avec rochers et figures.

> Bois. Haut. : 0m20 ; Larg. : 0m25.

WOLF (JONAS)
ÉCOLE ALLEMANDE XVIIe SIÈCLE

62 — Portrait de femme à collerette.

> Toile. Haut. : 0m85 ; Larg. : 0m71.

CADRES ANCIENS
EN BOIS SCULPTE

63 — Cadre, époque de la Renaissance Italienne, en bois
sculpté et doré, ornements en relief.
Profil en 0.05.

Jour. Haut. : 0m68; Larg. 0m62.

64 — Cadre d'époque Louis XVI, en bois sculpté et doré.
Profil en 0.08.

Jour. Haut. : 1m02; Larg. : 0m80.

65 — Cadre, époque Louis XVI, en bois sculpté et doré.
Profil en 0.07.

Jour. Haut. : 0m88; Larg. : 0m76.

66 — Cadre, époque Louis XIV, en bois sculpté et doré.
Profil en 0.12.
Intérieur ovale.

Jour. Haut. : 0m73; Larg. : 0m58.

67 — Cadre, époque Louis XIV, en bois sculpté et doré.
Profil en 0.10.

Jour. Haut. : 0m24; Larg. : 0m19.

68 — Cadre, époque Louis XIV, en bois sculpté et doré.
Profil en 0.10.

Jour. Haut. : 0m71; Larg. : 0m58.

69 — Cadre, époque Louis XIV, en bois sculpté et doré.
Profil en 0.13.
Intérieur ovale.

Jour. Haut. : 0m67; Larg. : 0m54.

70 — Cadre, époque Louis XIV, en bois sculpté et doré.
Profil en 0.10.
Intérieur ovale.

Jour. Haut. : 0m68; Larg. : 0m.52.

71 — Cadre, époque Renaissance Italienne, en bois sculpté
et doré, à coins et milieux.
Profil en 0.18.

Jour. Haut. : 1m94; Larg. : 1m17.

72 — Cadre, époque Renaissance Italienne, en bois sculpté
et doré, à coins et milieux.
Profil en 0.18.

Jour. Haut. : 1m94; Larg. : 1m17.

73 — Cadre, époque Renaissance Italienne, en bois sculpté
et doré, à coins et milieux.
>Profil en c.18.
>>Jour. Haut. : 1m9c; Larg. : 1m17.

74 — Cadre, époque Renaissance Italienne, en bois sculpté
et doré, à coins et milieux.
>Profil en 0.20.
>>Jour. Haut. : 1m78; Larg. : 1m12.

75 — Cadre, époque Louis XV, en bois sculpté et doré,
coins et milieux ajourés.
>Profil en 0.13.
>>Jour. Haut. : 1m44 ; Larg. : 1m08.

76 — Cadre, époque Renaissance Italienne, en bois sculpté
et doré, à coins et milieux.
>Profil en 0.13.
>>Jour. Haut. : 1m65; Larg : 1m07.

77 — Cadre, époque Renaissance Italienne, en bois sculpté
et doré, ornements ajourés.
>Profil en 0.19.
>>Jour. Haut. : 0m78; Larg. : 0m61.

78 — Cadre, époque Louis XIV, en bois sculpté et doré,
ornements suivis.
>Profil en 0.14.
>>Jour. Haut : 1m27 ; Larg. : 0m80.

79 — Cadre, époque Louis XIII, en bois sculpté et doré,
ornements ajourés.
>Profil en 0.09.
>>Jour. Haut. : 0m66 ; Larg. : 0m50.

80 — Cadre, époque Louis XIV, en bois sculpté et doré.
>Profil en 0.12.
>Intérieur ovale.
>>Jour. Haut. : 0m83; Larg. : 0m64.

81 — Cadre, époque Louis XIV, en bois sculpté. (Dorure
de l'époque).
>Profil en 0.09.
>>Jour. Haut. : 0m71 ; Larg. : 0m57.

82 — Cadre, époque Louis XIV, en bois sculpté. (Dorure
de l'époque).
>Profil en 0.09
>>Haut. : 0m71 ; Larg. : 0m57.

83 — Cadre, époque Louis XIV, en bois sculpté et doré.
Profil en o.11.

Jour. Haut. : 0m78; Larg. 0m60.

84 — Cadre, époque Louis XIV, en bois sculpté et doré.
Profil en o.11.

Jour. Haut. : 0m77; Larg. : 0m58.

85 — Cadre, époque Louis XIII, en bois sculpté et doré.
Profil en o.12.

Jour. Haut. : 1m58; Larg. : 1m01.

86 — Cadre, époque Louis XIV, en bois sculpté et doré.
Profil en o 15.

Jour. Haut. : 1m12; Larg. : 0m90.

87 — Cadre, époque Louis XIV, en bois sculpté et doré.
Profil en o.09.

Jour. Haut. : 1m10; Larg. : 0m97.

88 — Cadre, Renaissance Italienne, en bois sculpté et doré, fond peint en couleur bleue.
Profil en o.13.

Jour. Haut. : 1m26; Larg. : 0m73.

89 — Cadre, époque Louis XIV, en bois sculpté et doré.
Profil en o.10.

Jour. Haut. : 0m64; Larg. : 0m47.

90 — Trois cadres Louis XIV en bois sculpté et doré.
1° Profil en o.09.

Jour. Haut. : 0m45; Larg. : 0m34.

2° Profil en o.10.

Jour. Haut. : 0m46; Larg. : 0m36.

3° Profil en o.08.

Jour. Haut. : 0m60; Larg. : 0m47.

91 — Trois cadres anciens, bois sculpté doré.

1° Renaissance Italienne.
Profil en o.08.

Jour. Haut. : 0m19; Larg. : 0m14.

2° Époque Louis XIV.
Profil en o.05.

Jour. Haut. : 0m37 ; Larg. : 0m28.

3° Époque Louis XIV.
Profil en o.08.

Jour. Haut. : 0m40; Larg. : 0m34.

92 — Cadre de style Renaissance en bois sculpté et doré.
Profil en o.08.

Jour. Haut. : 0m59; Larg. : 0m49.

93 — Cadre de style Louis XIV, en bois scu pté et doré,
à feuillages et ornements.

Profil en 0.15.

Jour. Haut. : 1ᵐ98; Larg. : 1ᵐ18.

94 — Cadre de style Louis XIV en bois sculpté et doré.

Profil en 0.16.

Jour. Haut. : 1ᵐ23; Larg. : 0ᵐ83.

95 — Cadre de style Louis XIII en bois sculpté et doré.

Profil en 0.18.

Jour. Haut. : 1ᵐ06; Larg. : 0ᵐ76.

96 — Cadre de style Louis XV en bois sculpté et doré,
à coquilles, rinceaux et fleurettes.

Profil en 0.15.
Intérieur ovale.

Jour. Haut. : 0ᵐ77 ; Larg. : 0ᵐ62.

97 — Cadre de style Louis XV en bois sculpté et doré,
de forme mouvementée, à coquilles, torsades et 'guir-
landes de fleurs.

Profil en 0.14.

Jour. Haut. : 0ᵐ76; Larg. : 0ᵐ59.

98 — Cadre de style Louis XV en bois sculpté et doré, à
coquilles et ornements dans les coins.

Profil en 0.13.

Jour. Haut : 0ᵐ79; Larg. : 0ᵐ63.

99 — Cadre de style Louis XIV en bois sculpté et doré.

Profil en 0.11.

Jour. Haut. : 0ᵐ55; Larg. : 0ᵐ37

100 — Quatre cadres en bois sculpté de style Louis XIV,
bois doré et chêne.

Deux, profil en 0.05.

Jour. Haut. : 0ᵐ19; Larg.. : 0ᵐ15.

Deux, profil en 0.08.

Jour. Haut. : 0ᵐ26; Larg. : 0ᵐ22.

101 — Cadre de style Louis XVI en bois sculpté et doré
avec fronton.

Profil en 0.06.

Jour. Haut. : 0ᵐ70; Diam. : 0ᵐ54.

102 — Deux cadres d'époque Louis XIV, en bois de
chêne sculpté de forme ovale.

Profil en 0.10.

Jour. Haut. : 0ᵐ80; Larg. : 0ᵐ64.
Jour. Haut. : 0ᵐ74; Larg. : 0ᵐ58.

103 — Deux cadres d'époque Louis XIV, en bois de chêne
sculpté, de forme ovale.

> Profil en o 11.

> Jour. Haut. : 0ᵐ75; Larg. : 0ᵐ59.

104 — Cadre d'époque Louis XIV, en bois de chêne
sculpté.

> Profil en 0.12.

> Jour. Haut. : 0ᵐ70; Larg. : 0ᵐ5o.

105 — Cadre d'époque Louis XIV, en bois de chêne
sculpté.

> Profil en 0.13.

> Jour. Haut. : 0ᵐ6o; Larg. : 0ᵐ43.

106 — Deux cadres d'époque Louis XIV, en bois de
chêne sculpté.

> Profil en 0.10.

> Jour. Haut. : 0ᵐ72; Larg. : 0ᵐ58.

107 — Cadre époque Louis XIII en bois sculpté.

> P. ofil en 0.06.

> Jour. Haut. : 0ᵐ78; Larg. : 0ᵐ58.

108 — Cadre époque Louis XIV en chêne sculpté.

> Profil en 0.09.

> Jour. Haut. : 0ᵐ67; Larg. : 0ᵐ5i.

109 — Cadre époque Louis XIV, chêne sculpté.

> Profil en 0.10.

> Jour. Haut. : 0ᵐ57; Larg. : 0ᵐ44.

110 — Deux cadres d'époque Louis XIV en chêne sculpté.

> Profil en 0.10.

> Jour. Haut. : 0ᵐ5i; Larg. : 0ᵐ35.
> Jour. Haut. : 0ᵐ40; Larg. : 0ᵐ32.

111 — Deux cadres d'époque Louis XIV en chêne sculpté.

> Profil en 0.09.

> Jour. Haut. : 0ᵐ5o; Larg. : 0ᵐ40.

112 — Quatre cadres anciens en bois sculpté.

> 1° Jour. Haut. : 0ᵐ3o; Larg. : 0ᵐ24. Louis XIII.
> 2° Jour. Haut. : 0ᵐ49; Larg. : 0ᵐ35 Louis XIII.
> 3° Jour. Haut. : 0ᵐ39; Larg. : 0ᵐ3i. Louis XIV.
> 4° Jour. Haut. : 0ᵐ62; Larg. : 0ᵐ5o. Louis XIII.

113 — Cadre d'époque Louis XIII, noir avec filets dorés.

> Profil en 0.16.

> Jour. Haut. : 0ᵐ8ı; Larg. : 0ᵐ68.

114 — Cadre d'époque Louis XIII, ébène guilloché.
Profil en 0.20.
Jour. Haut. : 0m43; Larg. : 0m32.

115 — Cadre d'époque Louis XIII, en palissandre guil-
loché.
Profil en 0.12.
Jour. Haut. : 0m30; Larg.: 0m25.

116 — Cadre d'époque Louis XIII, ébène guilloché.
Profil en 0.16.
Jour. Haut. : 0m31; Larg. : 0m26.

117 — Cadre d'époque Louis XIII, écaille.
Profil en 0.10.
Jour. Haut.: 0m45; Larg. : 0m34.

118 — Cadre d'époque Louis XIII ébène guilloché.
Profil en 0.09.
Jour. Haut. : 0m41; Larg. : 0m32.

119 — Six cadres anciens, ébène et palissandre.

120 — Deux cadres de style Louis XIII, écaille et ébène.
Profil en 0.10.
Jour. Haut. : 0m19; Larg. : 0m16.
Profil en 0.05.
Jour. Haut. : 0m28; Larg. : 0m22

121 — Cadre de style Louis XIII, écaille et ébène.
Profil en 0.10.
Jour. Haut. : 0m72; Larg. : 0m55.

122 — Quatre cadres de style Louis XIII, écaille et ébène.
Profil en 0.06.
Deux cadres. Jour. Haut. : 0m45; Larg. : 0m31.
Deux cadres. Jour. Haut. : 0m35 ; Larg. : 0m25.

123 — Objets omis.